AF586967

DES DOUANES

SOUS LE RAPPORT FISCAL.

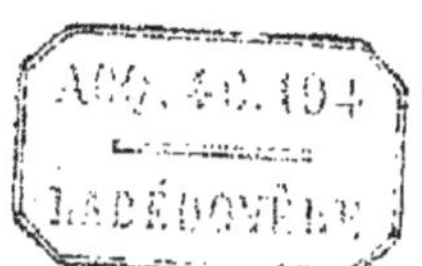

PARIS,

A. PIHAN DELAFOREST,

IMP. DE MONSIEUR LE DAUPHIN ET DE LA COUR DE CASSATION,

rue des Noyers, n° 37.

1830.

« Les douanes sont instituées dans le double but de procurer à l'État d'abondans revenus et de défendre la production intérieure contre la concurrence du dehors. (*Rapport sur les Dépenses*, 1829, page 30.) »

Le caractère essentiel des douanes n'avait point encore été défini en cette manière large et nette. L'un et l'autre but sont à poursuivre, tant qu'ils ne se contrarient pas.

Or, la taxation des matières exotiques fournit d'abondans revenus, et n'expose jamais à la concurrence du dehors ; seulement elle élève les prix à l'intérieur, grevant sur un point la consommation, qui par suite sera dégrevée sur un autre.

De là, dans un pays qui produit la matière brute en remplacement, qui, pendant la guerre, serait privé de son approvisionnement, on viendra à porter au niveau du prix d'arrivage, le droit sur les cotons.

Dans un État où les colonies courrent les risques de la révolte, de l'invasion, et se présentent en rivalité sur le marché, on viendra à épargner l'acquit d'une prime doublement funeste.

En telle façon qu'un jour ou l'autre, la France se donnera ou plutôt reprendra en somme, une recette de 50 millions sur les cotons, une recette de 70 millions sur les sucres.

Sans augmenter le prix vénal au-delà d'un sixième ; ni pour les uns, à cause de la plus-value de main-d'œuvre, ni pour les autres, à raison du plus bas cours des sucres étrangers : et par conséquent sans réduire la consommation dans les deux cas, de plus d'un douzième.

Sauf toutefois la perte sèche, provenant du rétablissement de la fabrique des laines et lins ; sauf encore le transport de la taxe sur les sucres, de la matière exotique à la matière indigène.

« Parmi les défauts du caractère français, la paresse d'esprit est peut-être le plus dominant : actifs dans l'exécution, nous sommes lents, incertains, timides dans la conception : nous redoutons les travaux intellectuels qu'exigent la méditation d'un plan et la combinaison de ses détails...... Habiles à travestir en systèmes nos impuissances et nos faiblesses, nous décorons du nom de persévérance dans nos résolutions et dans nos doctrines, ce qui n'est le plus souvent que défaut d'examen, que paresse à nous instruire, que répugnance à reconnaître une erreur. » (*Discours de M. Gautier*, 13 juillet 1829.)

La discussion relative aux douanes ne peut mieux s'ouvrir que par ces paroles de vérité, que l'orateur appliquait indûment à la question des vins.

Dans le système fiscal, on n'est point dirigé par des principes proprement dits ; car cette expression sous-entend qu'il y a eu préalablement examen, analyse et jugement, d'après l'état présent des faits, et qu'il y aura subséquemment attention et réflexion sur le cours variable des choses.

Les principes, loin d'être abstraits et absolus, sont relatifs : ils émanent de ce qui était; ils s'accommodent à ce qui est. La contention, la continuité du travail de l'esprit sont requises et mises à leur service.

Mais c'est fatigant, fastidieux : on a bien assez à diriger le courant des affaires, à les suivre en détail, par le menu.

Il y aurait à perdre trop de temps, à prendre trop de peine, pour rechercher le fil qui, partant de l'origine, doit conduire aux fins.

Aussi on se fabrique des maximes, des axiomes, lesquels ne donnent point lieu, ne donneront point lieu à l'exercice de la raison, et par conséquent ne cèdent jamais à l'empire des circonstances.

Communément, ces maximes, ces axiomes surgissent à l'improviste, soit de l'exemple d'un pays voisin, soit de l'influence d'un intérêt, soit de l'ascendant d'un système, soit enfin de l'entraînement de la routine.

N'importe au reste. C'est un point reconnu, c'est un fait consommé : il n'y a plus à revenir contre l'arrêt du sort.

Au sujet des douanes, il s'est opéré une restauration pleine et entière; dans ce sens qu'à tout hasard, les voies ont été tracées à rebours des anciennes.

Les cotons, les sucres et cafés étaient fort élevés de prix, en double raison du droit fiscal, du cours commercial.

La paix abolit cette seconde cause de hausse: la loi abolit ou réduit la première.

On croirait que la loi entend rivaliser avec la paix, tandis qu'au contraire la paix mettait la loi en toute liberté.

Le bénéfice supplémentaire est à peine sensible pour la consommation; les pertes progressives sont immenses pour le trésor.

Eh bien! c'est dans cet acte que tout le monde blâme, où se rencontre le germe des destinées infligées aux douanes de France.

Il n'est plus question que de tirer les corollaires du théorème.

Et les souvenirs sont effacés de la mémoire, les leçons sont récusées par l'esprit.

Vainement ce fut une méthode universelle et immémoriale, souvent sans doute poussée jusqu'à l'absurde, d'imposer les produits étrangers et d'en extraire une forte portion du revenu public, en s'épargnant d'autant de taxer les produits nationaux.

Vainement à cette heure même, le système des octrois partout accueilli, chaque jour étendu, n'offre qu'une application du même principe; lequel repose principalement sur l'avantage de saisir à point nommé, d'atteindre la chose, en l'absence de l'homme.

Vainement encore la Grande-Bretagne, pays natal du commerce et de l'industrie, perçoit ainsi le tiers de son revenu ; et l'Amérique, sol naturel de la liberté, de l'égalité, perçoit plus des deux tiers du sien.

La France semble condamnée à ne retirer par cette voie qu'un dixième de ses recettes, à rejeter la charge excédante qui devrait en être extraite, sur quelque matière contributive.

Or, comme à la faveur d'un bon système de douanes, on aurait le choix de l'impôt préférable à abolir ou à réduire, il s'ensuit que le plus rude, le plus fâcheux, est consacré sans aucun motif.

Les douanes ont été régies tour à tour suivant un de ces systèmes, politique, mercantile, fiscal.

Le système politique travaille à augmenter, à diminuer la puissance du pays, dont on espère ou que l'on craint.

Il consiste en faveurs accordées aux alliés, en rigueurs exercées contre les rivaux, les ennemis.

Des deux bords, un juste retour et de justes représailles font compensation.

Il y a profit ou détriment pour l'Etat, suivant que les pays bien traités ou maltraités, sont plus en rapport avec lui.

La France se fortifie en penchant vers l'Angleterre, s'affaiblit en se retournant devers l'Espagne.

Où on fait du bien, où on fait du mal; de là aussi, il est fait du bien, du mal.

Tellement que l'Etat gagne en puissance autant que son allié, perd en puissance autant que son rival.

Les faveurs, les rigueurs se balancent : le résultat se réduit à zéro.

Aussi le système politique a été délaissé : on est revenu au système mercantile.

C'était l'idéal, et c'est le réel.

Sous le système mercantile, la rivalité existe encore.

Seulement elle aspire à la richesse et non à la puissance : ou plutôt elle tend aux fins de celle-ci, par les voies de celle-là.

Peu à peu, on la voit s'éteindre et expirer : l'esprit s'est demené, s'est débrouillé des vieux liens.

Il en est venu à comprendre que le marché n'est qu'un lieu d'échange, que la chose se troque contre la chose.

Et qu'ainsi, on ne vend qu'en achetant, on n'achète qu'en vendant; qu'ainsi refuser d'acheter, c'est se refuser à vendre, à produire.

L'esprit se fie en la liberté, laquelle en cette matière, n'est autre que l'égalité réciproque, réactive.

L'esprit se repose sur cette garantie, que les produits étrangers, étant chargés des frais de transport, ne se présentent qu'au juste titre du plus bas prix.

Et par suite, que leurs retours directs ou indirects, ayant à subir la même charge, se composent de produits nationaux, formés à peu de frais et autrement privés de vente.

Même, il commence à s'apercevoir, qu'en cela, tout est profit pour la consommation; et presque à reconnaître, que la consommation est seule en droit.

En cette façon, il se fait place nette au siège du sens commun.

Il est comme sous-entendu, car on ne sait quelle honte s'oppose à ce que cela soit dit à haute voix, écrit en toutes lettres :

Que chaque peuple est prédestiné sous les auspices combinés du sol et du climat élémens physiques, de l'esprit et du caractère élémens moraux, et non sans quelque influence des habitudes machinales, à produire telle ou telle œuvre;

Que cette œuvre est tantôt exclusive à un pays, comme les vins, tantôt privilégiée en un autre pays, comme les tissus;

Que l'œuvre issue de nature, soit physique, soit morale, est seule à provoquer, parce qu'elle est seule à profiter; et ne peut être provoquée qu'au moyen de l'échange, avec l'œuvre de même légitime.

Sauf l'exception des produits nécessaires à la subsistance et peut-être à la défense, telle est la loi générale.

Et quand la liberté du commerce s'ensuivrait, qu'y aurait-t-il à dire ?

Sinon que l'esprit grandit en croissant, que la lumière éclaire en brillant.

Qu'on tente d'enchaîner l'un, d'étouffer l'autre: et le géant se change en un monstre; le flambeau tourne en une torche.

Nous n'en sommes pas là.

Avant d'atteindre à ce point, il est enjoint de garder la marche la plus mesurée; car sur le chemin, une foule d'existences établies dans la bonne foi sont à ménager.

Il n'y avait au monde, qu'un homme capable de ruiner en un clin-d'œil tous les détenteurs des cotons et des denrées du tropique.

Par un extrême bonheur, en passant du système mercantile au système fiscal, on ne craint que d'occasioner des fortunes soudaines.

Or, c'est à ce dernier système que mène insensiblement le principe de la liberté du commerce.

Il faut expliquer ce paradoxe apparent.

D'après le principe, les douanes n'ont plus pour but de favoriser l'une ou l'autre industrie ; qu'ainsi on expose plutôt, aux risques d'une concurrence exagérée.

Seulement sous le rapport des ventes au dehors, les douanes conservent la tâche de répartir une prime de remboursement aux objets fabriqués avec des matières taxées à l'entrée.

Et ce remboursement dépouille l'industrie de tout droit de réclamation, au sujet des taxes établies en conséquence du système fiscal.

La liberté du commerce, avant d'être mise en pratique, vient rendre un éminent service à la chose publique.

Il n'y a plus moyen de prétendre que le tarif doit être élevé ou abaissé en vue de quelque fabrique.

Dès lors, il y a espoir de faire comprendre, que ce tarif est commandé par une autre fin, qui fut toujours préférable, qui maintenant reste seule.

Ne peut-on pas, ne doit-on pas en faire un outil de contribution, s'il est permis de s'exprimer ainsi.

Entre cet outil et tout autre, un contraste marquant se présente : en ce que son coup qui atteint sans doute l'indigène dans sa consommation, frappe aussi l'étranger dans sa production.

Car les droits à l'entrée altèrent, en quantité comme en prix, la vente d'un de ses produits, et diminue le profit résultant de sa première main-d'œuvre.

D'où les pays alliés ou rivaux sont appelés à subvenir aux besoins de l'Etat, à la décharge des nationaux, dont le profit analogue serait aussi atténué par l'impôt subi à défaut de cette recette.

Lequel point est de haute importance.

Le bilan des dépenses étant fixe, en fait des subsides, tout est relatif, et raison n'est que comparaison.

Qu'on compare donc.

Quant aux droits de douane, la ligne est formée, est exercée, est soldée, si bien qu'une rentrée double n'élèverait pas les frais d'un dixième.

Et la production est libérée; la consommation est atteinte à son insu.

Qu'on compare avec tel impôt interne que ce soit.

Avec la loterie et les jeux qui ne créent pas, mais qui consacrent l'immoralité.

Avec les portes et fenêtres qui relèguent dans un cloaque humide et obscur, la population misérable.

Avec le droit de circulation sur les boissons, dont le produit est trop faible, en balance des frais et des gênes.

Avec les tarifs fixes de toute nature, dont le poids écrase les intérêts modiques.

Avec l'impôt foncier qui est prélevé sur le nécessaire de la vie, quant à trois ou quatre millions de petites cotes.

Avec la taxe sur les sels qui est imposée à titre de capitation, au taux de 12 à 15 francs par famille quelconque.

Les droits d'entrée n'affectent point la liberté de l'être, n'attaquent point l'exercice du travail : il n'en résulte ni entrave, ni gêne positive.

Leur influence s'exerce dans l'ordre spéculatif : elle peut déterminer un manque à gagner, mais non une chance de perdre.

Ils ne rentrent point dans la catégorie des impôts : car il n'y a pas de subvention à débourser sans retour ; il n'y a qu'un prélèvement à effectuer sur des rentrées postérieures.

Ils constituent seulement une taxation : ils opèrent à la manière d'une valeur excédante des produits à l'origine, ou d'un coût supérieur des frais de transport.

Et comme ces deux élémens du prix vénal tendent constamment à s'abaisser, les droits d'entrée viennent fort à propos s'emparer de cette épargne au profit du trésor, sans presque augmenter le taux du marché.

Et comme les matières productibles qui s'offrent à la taxation, acquièrent par la main-d'œuvre une valeur quintuple et décuple, le prélèvement effectué ne dépasserait pas le dixième ou le vingtième du prix de vente, s'il montait à la moitié du prix d'arrivage.

Tandis qu'à l'égard des substances consommables, les habitudes de la vie et les progrès de l'aisance garantiraient la persistance de l'emploi ; bien que le tarif fût élevé à la totalité du prix d'arrivage.

La consommation immédiate et subséquente ; celle qui saisit la substance en nature, comme à l'égard des sucres ; et celle qui attend la matière mise en œuvre , comme à l'égard des cotons, seront à peine réduites d'un dixième.

Aussi, l'esprit de système qui pérore sans son aveu, au nom de la première ; l'esprit de lucre qui fait tant de fracas, au nom de la seconde, ne doivent point être écoutés.

L'esprit de système se prévaut à tort de cet axiome banal, qu'en fait d'impôt, 2 et 2 ne font pas 4 : car l'économie politique où les faits sont multiples, sont variables, ne se prête nullement aux thèses absolues, abstraites.

L'esprit de lucre est même dénué de tout intérêt dans la cause.

Attendu qu'au sujet des ventes à l'étranger si modiques en fait de fabrique des produits exotiques, il est couvert au moyen de la prime de restitution ;

Attendu qu'au sujet du débit à l'intérieur, la quantité reste semblable, sauf une faible fraction, et les prix haussent à raison de la surtaxe, parfois même hors de proportion ;

Attendu qu'au moins pour les cotons, pendant quelque temps, la hausse du cours de la matière brute permettra de vendre la matière œuvrée à un taux convenable, en dépit du prix avili des arrivages postérieurs.

En entrant dans les spécialités, le sort veut que sur les deux points principaux, il se présente un motif supplémentaire.

C'est le lieu de discerner dans l'économie politique, un principe essentiel, universel, éternel.

La matière brute, en quelque degré que ce soit, a déja commandé une somme de travail et de capitaux, a éprouvé une sorte de main-d'œuvre.

Or, comme cette main-d'œuvre est de l'ordre agricole et non industriel, la même quantité de travail, dont le salaire est plus bas, entretient le double et le triple d'existences;

Et la même quantité de capitaux, dont l'emploi est moins grand, enfante le quadruple, le quintuple de matières.

Puis, les rapports étant plus prochains, plus suivis, il s'y développe une immensité d'actions et de réactions tendantes à jeter des produits.

D'ailleurs, la nature des substances s'accommode aux retards de l'écoulement, pendant que la concurrence modérée n'expose pas aux risques de l'encombrement : de sorte que si les profits sont faibles, aussi la ruine est fort rare.

Voilà ce qui est peu connu, ce qui ne sera pas reconnu peut-être.

En dépit des sophismes prônés par l'industrie et passés en axiomes par-devant la vanité nationale, il importe autant et plus à l'Etat de s'assurer la création de la matière brute, que celle de la matière œuvrée.

Ainsi la question de surtaxe des cotons et des sucres est résolue à part de toute autre considération, par l'intérêt des laines et des lins, des sucres de betterave.

Point de doute que la libération presque entière des cotons n'ait réduit considérablement la production des lins et des laines.

Celle-là qui occupait tant de bras dans les campagnes ; celle-ci qui occasionait un excédant d'engrais et de subsistances : toutes deux qui se prêtaient de même à la fabrique.

Point de doute, dans un autre sens, que la réduction des droits sur les sucres n'opprime, n'étouffe la production en betteraves.

Laquelle, en fertilisant la terre, fournirait un développement au travail agricole, et assurerait un remplacement au travail industriel.

Veut-on ressusciter les laines et les lins? Veut-on laisser naître le sucre de betterave? il faut forcer la taxation sur les cotons, les sucres.

La langue ne manque pas de mots, et les mots servent à tout escient.

Comme les deux thèses diffèrent, l'argument dont on se sert pour l'une, nuit à l'autre.

Les fabriques de coton mettent en avant la consommation; puissance prééminente, et à ce titre trop sujette à être flattée, à être trahie.

Eh bien ! l'habillement sera quelque peu plus cher de premier achat; mais il sera plus durable, moins coûteux à la longue.

Et en temps de guerre, on ne sera point contraint de se vêtir à grands frais ou de se passer de vêtemens.

Les fabricans ne gagnent pas le procès, et le font perdre aux raffineurs.

Ici, c'est la consommation qui requiert au plus juste titre, et la chance pendant la paix et la certitude pendant la guerre, du meilleur marché des sucres indigènes.

Ne répugnant point à acquitter en sus de l'un ou de l'autre prix, une taxe qui autrement retomberait à sa charge, avec plus de gêne et de trouble.

Se prêtant volontiers à acquitter une taxe, disons mieux, à payer une peine d'assurance qui lui garantit, en tout état de choses, même fourniture, même dépense.

La consommation est satisfaite à la considérer en grand, à l'envisager dans le temps.

La production, à la saisir de même, en son étendue, en sa durée, n'a point à se plaindre.

Il s'agit de l'industrie, dont l'emploi, appliqué au raffinage des sucres bruts, s'étendrait en temps de paix, se maintiendrait en temps de guerre:

Dont l'emploi, appliqué aux cotons, qui s'est exagéré jusqu'à un point ruineux, ne serait pas resserré d'un dixième, et seulement ne s'élargirait plus en une manière trop hâtive;

Ou, au pis aller, se rejetterait sur la fabrique des laines et des lins, non sans quelque réduction dans la quantité, mais aussi avec quelque augmentation dans le profit;

Et à vrai dire, pour peu que le passage d'une fabrique à l'autre s'opérât peu à peu, s'avançât assez loin, se trouverait prémuni sans dommage sensible, contre l'effroyable catastrophe d'une guerre soudaine.

Il faut entendre ceci : l'ambition qui ne se rappelle pas les crises du passé, qui ne se représente pas les chances de l'avenir, qui se précipite ainsi dans la nuit des temps, marche à l'abîme.

Il reste à examiner l'influence de la surtaxe des cotons et des sucres, sur le montant des arrivages ou des droits d'entrée, ou des recettes du trésor : choses identiques.

En observant toutefois que si le revenu fiscal ne s'élevait pas en juste proportion du nouveau tarif, il y aurait cette compensation, au profit de la richesse nationale, qu'en même temps et en place, les produits indigènes augmenteraient.

La consommation doit servir de type, soit l'immédiate qui saisit la substance en nature, soit la subséquente qui attend les matières mises en œuvre.

Car la production se tient ou revient au niveau de la consommation.

Supposons que le droit sur les sucres soit porté des deux tiers au pair de leur valeur, le produit actuel est de trente-cinq millions de francs, sur soixante-dix millions de livres métriques, et devrait être de cinquante-deux millions de francs.

Supposons que le droit sur les cotons soit porté, du huitième de leur valeur, à la moitié pour les qualités communes, au pair pour les supérieures, le produit est de six millions et demi sur trente millions de livres métriques, et devrait être de trente millions environ.

D'où il résulterait un excédant de quarante millions, sans parler des cafés et autres denrées du tropique, qui donneraient dix millions.

Quant aux sucres :

La consommation est au plein, ayant triplé de 1816 à 1822, et ne s'étant accrue que d'un cinquième de 1822 à 1828 : d'où la surtaxe ne menace que d'entraver ses progrès éventuels.

Et l'attrait, l'aisance, l'habitude soutiennent la dépense en cette denrée, qui, superflue pour les uns et nécessaire pour les autres, est ou rebutée ou consommée, quel que soit le prix.

Le détail fait la loi. Son prix est à quinze sous la livre ancienne, et sera à dix-sept sous et demi. Il y a un sixième en sus.

Cent quarante millions de livres coûtent cent cinq millions de francs, coûteront cent vingt-deux millions et demi. Il faut environ dix-huit millions de plus.

Sur cet excédant de dépense, suivant une loi assez constante, la moitié est épargnée dans l'emploi usuel : c'est neuf millions, qui au prix de dix-sept sous et demi représentent huit millions de livres pesant.

Maintenant soustrayez cette fraction, de la masse de cent quarante millions : il reste cent trente-deux millions.

Cherchez le chiffre de la fraction : il est d'un dix-huitième.

Ainsi le trésor palpait trente-cinq millions sur cent quarante millions pesant : il touchera près de cinquante millions sur cent trente-deux millions pesant.

Quinze millions de francs seront retirés des charges les plus lourdes : huit millions de sucres seront enlevés aux jouissances de la vie.

Quant aux cotons :

La consommation ou du moins la production qui la sert, est au-delà du plein : comme cela se voit par l'encombrement.

Ici un nouvel élément se présente et domine.

La matière brute coûte cinquante millions de francs, et la matière œuvrée vaut trois cent millions. Un excédant de droits de vingt millions à répartir sur une masse de trois cent millions, n'équivaudrait qu'au quinzième.

Le prix des qualités communes est supposé à

seize sous la livre : avec le droit de deux sous, il passe à dix-huit sous; avec un droit de huit sous, il passera à vingt-quatre sous.

Voilà pour la matière brute, et voici pour la matière œuvrée.

Elle vaut environ le quintuple ou quatre francs, plus deux sous pour le droit : c'est quatre francs deux sous. Elle vaudra quatre francs, plus huit sous pour le droit : ce sera quatre francs huit sous.

Le prix marchand montera de quatre francs deux sous à quatre francs huit sous : le calicot se vendra vingt-deux sous au lieu de vingt sous et demi l'aune.

Sauf la déduction du déchet, la différence est d'un quinzième : il s'en vendra, il s'en importera, un trentième de moins.

L'Etat recevait six millions et demi sur soixante millions pesant : il recevra sur cinquante-huit millions, vingt-cinq millions.

Quelque impôt sera déchargé de dix-huit millions : l'habillement se renouvellera un mois plus tard, sur trente mois.

Maintenant les intérêts, les préjugés, les systèmes, les manies, les caprices, les vanités, car telles sont communément les causes déterminantes de la volonté, n'ont plus qu'à se retirer sur les dangers de la contrebande.

Voyons en thèse absolue.

Le bénéfice apparent serait de sept sous et demi par livre en sucres, de huit sous en cotons.

On ne peut guère parler de ceux-ci, qui présentent un gros vòlume.

A l'égard des sucres, en outre du déchet, il faut déduire les frais de transport et de passage, puis le bas prix de vente : les sept sous et demi se bornent à cinq sous.

En général, la fraude par mer est presque impossible : et par terre, elle n'est profitable que pour les objets de luxe, elle n'est praticable qu'en faible proportion.

D'ailleurs, la fraude qui choque l'amour-propre, qui blesse le vrai zèle, n'emporte jamais qu'un manque à gagner.

Venons à la thèse relative :

Sur les sels qui naissent dans le pays, qui couvrent de vastes côtes, il y a trois sous de gain sur la mise d'un denier.

Et quelques quintaux, un centième au plus de l'approvisionement, sont fournis par la contrebande proprement dite.

Sur les tabacs, qui menacent tous les points de la frontière, il y a trente sous de gain sur la mise de dix sous.

Et quelques livres, peut-être un cinquantième, se rencontrent dans les provinces limitrophes seulement.

Le siècle se repaît d'axiomes, bien qu'ils soient souvent des plus indigestes : le siècle se complaît aux généralités, sauf à en distraire selon son caprice, tels et tels sujets.

Qu'on se garde de taxer les matières premières, s'écrie la secte économiste, moins droite en ses fins, plus roide en ses moyens, que l'école de Quesnay.

Paroles vaines! dès lors que la taxe ne réduit point la consommation, ne resserre point la fabrication.

Paroles fausses! alors que la taxe à l'entrée des provenances exotiques, tourne en une prime en faveur de la production indigène.

La consommation ne se charge pas d'un double vêtement; si vous lui jetez des tissus de coton, elle se dépouille de ceux de laine et de fil.

La consommation se remplit de même en cristaux extraits de la canne ou de la betterave; en sorte que cette production, qui perce à peine le sol de la France, se voit étouffée sous les amas vomis à vil prix, des bords de l'Atlantique.

L'esprit de système, n'a rien à dire. La routine est seule tentée, non pas de se défendre, mais de se retrancher derrière des remparts postiches.

Or, quant aux risques de fraude, la réponse est péremptoire.

Il n'y a fraude qu'autant qu'il plaît d'y conniver; il n'y aura fraude qu'autant qu'il conviendra de rogner sans cesse et sans terme, le chiffre du nombre, de la solde, de la retraite des employés; opération d'épargne au taux de l'unité, et de ruine au taux du centuple.

Certes, le choix est facile à faire, ou de nourrir avec prodigalité la poule aux oeufs d'or, ou en vue du sauvetage de quelques grains de millet, de la laisser dépérir, de la faire avorter.

EXTRAITS DE DIVERS ÉCRITS.

Comme la mode ou la manie est prédestinée depuis des siècles à dominer sur l'esprit français, et comme par sa nature même, elle varie au hasard d'un jour à l'autre, il se trouve maintenant établi en principe, que les droits de douanes ne doivent point être calculés, à l'effet de fournir des rentrées au trésor, mais seulement dans la vue de favoriser l'industrie : en procédant ainsi par la méthode des axiomes, c'est imposer la question préalable devant les raisonnemens ; et l'œuvre de les produire avec succès est d'autant plus difficile, lorsque le seul intérêt vraiment rallié et coalisé dans la société, l'intérêt du commerce, étouffe de ses clameurs redoublées, les vagues plaintes de l'intérêt général.

Cependant la règle qui prescrit à l'impôt de ne point entraver la production, se trouve religieusement observée dans les droits de douanes relatifs à des matières purement consommables : à cet égard il n'existe que la légère crainte de distraire du revenu, par l'effet de la hausse des prix, un certain excédant de fonds qui devait s'appliquer à la commande des produits indigènes; s'il fallait apprécier un tel inconvénient, la conséquence serait de fermer la porte à l'introduction de ces denrées.

A l'égard des matières productibles, des matières susceptibles de recevoir en elles-mêmes ou d'imprimer à d'autres objets, un accroît de valeur réelle, il faut observer que tout produit, avant d'être livré à la consommation, passe par la filière de diverses sortes de main-d'œuvre où il reçoit successivement un nouvel accroît de valeur : quand l'impôt est forcé d'opposer quelques obstacles à cette suite des opérations du travail, il convient que ce ne soit pas à leur premier degré, que ce ne soit pas surtout à l'époque de la création du produit brut : en deçà du terme où sa dure main vient s'appliquer, il ne peut exister ni de gène pour le producteur, ni de perte dans la production.

Or, toutes les matières d'importation ont déja subi une façon préliminaire, dont le profit est acquis aux étrangers ; l'impôt qui les frappe ne s'exerce au détriment de la richesse nationale que sous le rapport de la main-d'œuvre finale qui doit s'effectuer au sein de l'État.

Les denrées coloniales se subdivisent sous trois caractères fort différens : elles comprennent des matières consommables, des matières productibles et une classe intermédiaire entre les unes et les autres. Les cafés, les sucres blancs, les épices, portent un type commun ; les cotons, les indigos, les potasses et les bois de teinture sont unis au même titre ; les sucres bruts, les cacaos, forment une catégorie à part.

Cette dernière classe, si fortement protégée par l'intérêt des raffineries, peut se ranger sans risque dans la première. La main-d'œuvre qui s'y emploie, est à peu près insignifiante ; l'accroît de valeur qui s'y forme est produit par la réduction des poids respectifs, plutôt que par l'amélioration même de la denrée : enfin plus des deux tiers de la quantité importée, se trouvent absorbés en nature par la consomption.

La seconde classe jouit généralement de la prérogative de fournir un emploi notable au travail, et de produire un accroît imposant de valeurs. Mais une distinction doit être établie entre les objets qu'elle renferme : il n'importe pas seulement de considérer d'une manière absolue, la quotité de travail et de valeurs qui doit en dériver immédiatement; l'influence exercée indirectement sur les autres emplois et les autres profits de la société, se montre d'un plus grand poids encore : il y a un contraste tranchant, entre telle matière qui est exclusivement destinée à s'allier aux productions indigènes et à faciliter leur main-d'œuvre, et telle autre matière qui, tout en se revêtant d'une valeur excédante, travaille par contre à entraver la formation d'autres produits autant et plus précieux.

Les potasses, les indigos et les bois de teinture ne semblent importés en France que pour prêter une aide indispensable à la fabrication de diverses industries, dont les matières premières sont ainsi fortement demandées et abondamment produites : il n'y a point de privilège qui ne leur soit dû à un tel titre.

Les cotons, au contraire, n'exercent de commande que sur une sorte de travail qui, à leur défaut, trouverait sans peine un débouché différent : comme ils s'œuvrent sur eux-mêmes, la production nationale n'est nullement sollicitée; et même elle se resserre en proportion de la concurrence établie entre leurs fabriques et ses fabriques propres.

Le débat existe entre les matières des cotons exotiques, et des laines et lins indigènes : la taxation des premiers décerne une prime aux seconds ; ou, en d'autres termes, la libre introduction de ceux-là équivaut à l'établissement d'un impôt sur les produits et les premières façons de ceux-ci.

Il faut en venir aux matières purement consommables, qui renferment les cafés, les sucres et les épices. Si la consommation est la fin essentielle et radicale des sociétés, c'est en la considérant en général, et non sous des rapports spéciaux : ses diverses branches sont souvent en état d'antagonisme, de sorte qu'on nuit à l'une en voulant servir l'autre : quand l'impôt est contraint à porter ses coups ici ou là, la question se réduit à balancer les conséquences respectives.

De plus, la consommation supporte, en dernière analyse, le coût de toutes les charges qui ne sont pas prélevées sur le capital : sa gêne est égale, soit que le revenu dont elle se sustente doive être réduit avant d'entrer dans sa caisse, soit que les denrées qu'elle emploie doivent augmenter ses déboursés par la hausse de leurs prix. Son intérêt bien entendu commande la préférence en faveur des impôts les plus économiques.

Les denrées désignées se trouvent en première ligne à ces deux égards. D'une part, elles ne se prêtent pas à recevoir aucun accroît de valeur, et ne servent nullement au maintien de la capacité habituelle du travail ; de l'autre, elles se jettent comme d'elles-mêmes au devant du droit fiscal, et se rendent assez vite sur le marché, pour que son avance ne soit pas aggravée par les frais d'escompte.

Dès lors que l'impôt s'est décidé à attaquer un objet quelconque de consommation, il faut, avant de se rabattre sur tout autre, que la matière imposable offerte soit absorbée en totalité. La taxe doit s'arrêter au point seulement que nulle force ne peut franchir, seulement à l'époque où l'élévation de son taux atténuerait les rentrées, en réduisant l'emploi de la denrée : ce n'est pas autrement que la matière imposable décèle le dernier terme de son épuisement. (*Notes sommaires sur le budget de* 1816.)

Il faut le dire : dans l'ordre économique des sociétés, les intérêts nés rivaux deviennent ennemis ; et le tien, le mien se défendent avec une force inégale, avec une égale bonne foi : de manière que les enquêtes ne reçoivent que des notions vagues ou fausses, ne rencontrent que des prétentions, des préventions obstinées, et sont prédisposées à céder devant l'ascendant des intérêts puissans, à se laisser aller à l'engouement de la saison.

Il est plutôt réservé de saisir la vérité des choses, à l'œil unique qui plane de haut et promène ses regards sur la sphère entière, au génie despotique qui se trouve d'autant plus indépendant dans le jugement de ce qui est utile ou nuisible à la chose publique dont il se fait le centre, par cela même qu'il reste impassible aux sentimens de la crainte et de la pitié, envers les citoyens dont il s'est fait le maître.

C'est ainsi que l'empire, souvent entraîné à des aberrations financières, par la fatalité des temps, et souvent aussi garanti, sous cette égide, du joug des sophismes banaux et des intrigues cupides, pendant l'absence de l'intérêt colonial, et le silence des intérêts rafineur et cotonnier, avait frappé les cotons d'un droit exagéré, les sucres et les cafés d'un droit assez convenable; laissant à la royauté, de riches rentrées à encaisser, dont la valeur allait s'accroître indéfiniment par les effets concomitans du retour de la paix et de la liberté du commerce, des progrès de la culture au dehors et de l'aisance au dedans.

Tellement que si le tarif n'avait été réduit qu'au tiers sur les cotons et à moitié sur les sucres et cafés, avec l'appui de ces causes, qui déterminaient une baisse énorme dans le prix des matières brutes et une demande immense de la matière œuvrée, la consommation se serait aussitôt élevée au-dessus de l'ancienne, et serait parvenue presqu'au niveau de l'actuelle, fournissant au profit du trésor public, comme à la décharge des autres impôts, environ 40 millions sur les cotons, 60 millions sur les sucres, 15 millions sur les cafés.

L'esprit de système ne procède pas en une façon si simple, si facile. C'est sciemment, c'est consciencieusement qu'il détruit tout d'abord; et parfois, l'aubaine lui échéoit en sus, qu'après avoir mis le feu aux moissons, en pleine maturité, la flamme gagne et consume jusqu'aux germes appelés à naître.

Dieu garde qu'il lui soit arrivé de songer à une taxe abolie d'après le vœu des peuples, et rétablie dans les malheurs de la guerre, à une taxe déja fatale à la fortune publique, en enrichissant le trésor de l'Etat, bientôt fatale au trésor de l'Etat, en appauvrissant la fortune publique ; dont le chiffre était à peu près le même.

A cet égard, il ne s'agissait que d'humanité envers la misère, d'égalité dans les charges, de liberté dans les emplois, enfin de prospérité générale, permanente, progressive ; sans parler d'un chœur de bénédictions.

Qu'importe? En tout cela, où est le commerce du dehors, où est la fabrique au-dedans? le siècle en rafolle; les têtes tournent à l'aspect des gens de l'autre bord : certes nous les valons bien ou mieux : viennent seulement le commerce, la fabrique! les fonds et les bras, l'intelligence, la prudence, la constance, accourront se mettre à leur service.

C'était lâcher la proie pour courir après l'ombre : voyons les résultats :

Quant aux cotons, au moyen de ce qu'ils ne paient à l'entrée qu'un huitième de leur valeur, l'introduction, la fabrication, l'exportation ont forcé plus vite, plus haut : leurs termes sont maintenant de cinquante millions de francs pour l'une, de deux cent cinquante millions pour l'autre, de quarante millions pour la dernière.

Or, en leur faisant subir un droit quadruple ou de moitié de leur valeur ou de vingt-cinq millions au lieu de six et demi, comme le droit n'est remboursé par la consommation, qu'après la main-d'œuvre finale, il ne pèse dans la dépense, il n'influe sur les ventes que par la voie d'addition au prix courant du marché, que dans la proportion du tarif des douanes avec le coût des fabriques : et le déboursé de la consommation se fût élevé seulement de dix-huit millions, en sus de deux cent cinquante millions, c'est-à-dire d'un quatorzième.

On peut juger, quant à une marchandise dont le prix essentiellement bas, commence par l'effet de la liberté des mers et continue par l'effet des progrès de la culture, à baisser consécutivement, indéfiniment, si un quatorzième est plus que zéro, si quatorze sous valent plus que treize sous : et s'il se serait opéré dans les trois actes d'entrée, de fabrique, de vente, un resserrement appréciable.

Lequel resserrement en tout cas, aurait causé quelque juste compensation, en faveur des laines, des lins, substances analogues, dont la production a été étouffée et la fabrication abolie par le retrait violent de la prime instituée en leur défense, sous le titre de droits d'entrée sur lescotons.

D'où il suit que, même en omettant cette haute considération, les résultats n'ont donné qu'un manque de dix-huit millions dans le trésor public, qu'une recharge de dix-huit millions sur d'autres points.

Quant aux sucres, auxquels il faut rallier les cafés, l'importation est parvenue en six années, pour ceux-là, de 25 millions à 60 millions, pour ceux-ci, de 5 millions à 11 millions de livres métriques.

Les causes de ce mouvement sont multiples.

L'impôt est baissé de trente sous à cinq sous par livre ancienne : et le cours du commerce, élevé pendant la guerre, tombe après la paix à moitié, à quoi il faut ajouter l'inflexion des prix de culture : et de 1816 à 1822, époque où fut atteint le taux actuel de la consommation, le revenu augmente et donne un boni en recette, équivalant au tiers peut-être.

D'où il suit que l'énorme réduction du droit n'a influé qu'en faible proportion, sur le mouvement de la consommation ; et qu'en outre du dommage porté aux sucres indigènes, les résultats se sont bornés à priver le trésor public de trente millions, à rejeter trente millions au compte des contribuables.

On peut en dire autant des cafés dont l'emploi flatte davantage, dont l'habitude ne se guérit pas, dont la jouissance coûte à peine un ou deux sous par tasse, sur lesquels il a été dérobé aussi à l'État et au peuple, de 5 à 10 millions.

Il y a de quoi réfléchir ; et, comme si quelque prime imprévue devait être offerte à la suite des plus faux systèmes, comme si une chance prédestinée, devait compenser les pertes du passé par les profits de l'avenir ; en reconnaissant l'erreur, en rétablissant l'ordre naturel des choses, il se présenterait un excédant avantageux de valeurs, au-dessus des calculs repris à la date de 1816 ; attendu qu'au moyen de l'encouragement des vils prix, la consommation que suit de près la fabrication, a été poussée et emportée par-delà les limites qui l'eussent arrêté sous une perception moins fortement réduite, et qu'étant maintenant entrée dans les besoins habituels de la vie, étant soutenue par l'accroissement progressif des ressources, elle ne reculera pas. (*De la Matière imposable*, p. 62.) (1)

---

(1) Un passage du journal d'Anvers s'offre à propos pour lever tous les scrupules, quant à la surtaxe des sucres et cafés, et même des cotons. « Nous ne prévoyons pas de chances de voir diminuer

La paix est de retour : en Angleterre comme en France, la rente est libérée peu à peu, et les profits s'accroissent de jour en jour ; il y a plus de moyens et donc plus de besoins, plus de revenus à disposer, plus de dépenses à réaliser ; il y aura plus de consommation.

De plus, en France, la guerre a poussé le cours du prix vénal, environ au double des taux combinés de la valeur réelle et de la taxe fiscale : en sorte que venant à cesser, il s'ensuit, pour la consommation, à part de toute réduction du droit, une épargne de près de moitié, dont entre des parts assez égales, l'une est destinée à des articles différens, et l'autre est consacrée au même emploi.

On ne veut pas, on ne sait pas apprécier ces causes décisives : la première qui permet d'appliquer à la denrée, une somme plus forte, ou d'absorber au lieu d'une livre de sucre, une livre et demie ; la seconde qui restreint le cours au montant de ces trois élémens, le coût de fabrique, le taux du frêt et le tarif du droit, c'est-à-dire à 20 et 30 sous au lieu de 4 ou 5 francs.

Cependant à la même époque, et de même, à l'abri de

« la consommation, à moins qu'une hausse tout-à-fait démesurée « ne ramène les prix que nous avons vu il y a plusieurs années. « L'on sait qu'une habitude, une fois adoptée par le peuple, ne « se détruit pas facilement. » (*Journ. du Commerce*, 30 mars 1829.)

la paix, l'impôt a été abaissé de 30 sous à 5 sous, profit notable, sans doute, mais inférieur au bienfait de la liberté du commerce, mais étranger aux progrès du revenu particulier.

C'est le seul fait qui frappe : c'est au dire général, le vrai motif de l'excédant de consommation, qui s'est élevé de vingt millions de livres métriques en 1815 et 1816, à cinquante-cinq millions en 1822, à soixante millions en 1827.

D'où on conclut que si la diminution du droit a tellement augmenté les achats, son augmentation les diminuerait en égale quantité : faisant abstraction ainsi, des deux points capitaux en cette matière; savoir, la tendance prospère de la richesse nationale, et la persistance dans les jouissances de la vie.

A part de ces influences, il faudrait entendre que dans la dépense des ménages, il n'est fait état ni de la taxe fiscale, ni de la valeur première, mais seulement du prix marchand.

C'est-à-dire, qu'entre la taxe et la valeur, si l'une s'élève autant que l'autre fléchit, le prix marchand qui se forme par l'addition des frais du commerce, à ces deux dépenses, restant le même, la consommation reste aussi la même : principe qui commande de hausser le taux du droit, à mesure que le coût de fabrique baisse, ainsi que cela se ferait sans doute, si l'obstacle opposé par l'intérêt colonial était écarté.

Dans l'état actuel des choses, où le prix du détail dans l'intérieur, y compris l'impôt, est à seize sous environ, par livre de sucre brut; en doublant le tarif, non sans conserver quelque faveur aux produits des îles, en l'élevant au-dessus du prix de la denrée dans les ports, en l'établissant à 99 francs au lieu de 49 francs 50 centimes par quintal métrique, ou à dix sous au lieu de cinq sous par livre; ledit prix monterait de 16 à 21 sous, d'un quart à peu près.

Et la consommation qui débourse pour son approvisionnement annuel, 96 millions, aurait à débourser pour un approvisionnement égal, 126 millions ou 30 millions de plus.

Il suffit d'apprécier l'action combinée des progrès de l'aisance et de la force des habitudes pour se convaincre que l'économie ne se porterait pas aux deux tiers du surcroît de dépense; et qu'ainsi l'écoulement ne serait réduit que d'un septième au plus, ou de 120 à 104 millions.

Delà, le trésor palperait, à raison de dix sous par livre, sur 104 millions pesans, 52 millions de francs, au lieu qu'il ne touche qu'environ 30 millions, à raison de cinq sous par livre, sur 120 millions pesans.

En ajoutant à cette rentrée de 22 millions, une recette de 28 millions, fournie par les cotons et les cafés, on obtiendrait 50 millions de revenu additionnel: sur lesquels la fraude ne dîmerait guère plus qu'à cette heure, pour peu qu'une fraction de ce profit net fût consacrée à fortifier la ligne des douanes; avec lesquels la conscience se complairait à abolir ou alléger des taxes qui pèsent sur l'existence et menacent la population, ou qui s'opposent au travail et arrêtent la production.

Or, le moment est propice; car les observations qui suivent sont applicables aux cotons et aux cafés.

L'effet des taxations est relatif à l'état de la consommation. Si la charge est imposée avant que la force soit venue pour la supporter, il s'ensuit un affaissement considérable; après que la force s'est formée, s'est montrée, par l'extension des achats, à peine s'opère-t-il un léger fléchissement. Les habitudes sont persistantes; de même que la civilisation, sauf, en cas de guerre ou de révolte ou de conquête, la consommation ne rétrograde jamais.

Ainsi le gouvernement anglais calculant que la dépense nationale en sucres et en thés, était parvenue au plus haut degré, n'a nullement diminué les droits d'entrée; et présumant au contraire que celle en cafés et en rhums, n'était pas rendue à son terme naturel, il les a réduits tout à coup de moitié : d'où il arrive que ces denrées favorisées s'offrent maintenant dans une quantité double, qui ne variera pas d'un dixième à l'époque déja marquée dans les desseins, où l'ancien taux sera rétabli.

En France, où l'usage des boissons chaudes, des confitures, des pâtisseries, est peu fréquent, où l'aisance proprement dite est infiniment restreinte, il faut croire qu'après s'être élevée en six années, entre 1816 et 1822, de 20 millions de livres métriques à 55 millions, et après n'avoir augmenté en six autres années, entre 1822 et 1828, que de 55 millions à 60 millions, la consommation a atteint cette sorte de maximum qui ne doit plus être dépassé qu'en raison des lents progrès de la richesse nationale. (*De la Matière imposable*, suite.)

Toute faveur accordée à une sorte de production, soit par l'abaissement des droits d'entrée, au mépris d'une récolte indigène, soit par l'infériorité des tarifs de douane, au détriment d'une denrée exotique, comme elle sort de la règle et force le cours naturel, doit engendrer une concurrence inconsidérée, laquelle n'étant retenue par aucun frein, se jette sur la proie offerte à ses appétits, se dispute et se partage les lots devenus modiques; et après avoir à la fois augmenté le coût de main-d'œuvre, diminué le prix du marché, se voit entraînée à altérer progressivement la qualité des fabrications, se voit menacée de périr lors d'une crise, ou seulement par le laps du temps.

Ainsi quant aux cotons, la modicité du droit d'entrée à raison d'un à deux sous par livre, d'un huitième de la valeur réelle, n'a travaillé qu'à élever des établissemens sans nombre, à appeler des fabricans sans conduite, à jeter des tissus sans consistance; et comme l'œuvre de la matière première, vivement sollicitée par les demandes de l'industrie, s'est exagérée en somme, s'est avilie en prix, n'a réussi qu'à exposer aux risques cette branche de la production, qu'à la pousser sur le bord de l'abîme.

Ainsi, quant aux sucres de nos îles, la différence du simple au double, entre leur tarif et celui des sucres étrangers, a dû, en livrant le monopole du marché, laisser s'endormir l'industrie des colons sur les moyens de perfectionnement, et faire abandonner la culture des cafés, faire accroître immensément la masse des sucres; en telle façon que le revenu s'étant à peine accru, ou du moins n'étant ni épargné ni accumulé, s'il faut s'en rapporter à l'amertume de leur langage, ces îles malencontreuses auront à subir, non plus des pertes au moins supportables, mais une ruine totale, définitive, au jour peu lointain qu'a marqué l'impitoyable sort.

Et, tandis que le trésor reste à découvert ou se rembourse sur les contribuables, des sommes ainsi absorbées et évanouies; il ne manque pas d'arriver qu'une richesse existante ou naissante, souvent la plus profitable, se trouve comprimée à sa source ou repoussée en son cours, comme la preuve en est déja acquise, en conséquence des lois relatives aux cotons, aux sucres :

Soit à l'égard des laines et des lins, dont la production supplantée par l'invasion d'une substance étrangère, eût porté une somme fort supérieure de bénéfices successifs et progressifs, en ce que ces matières avancent du travail pendant la morte saison, amènent des engrais aux vieilles terres, des moissons sur le sol encore vierge, et quant aux laines, entraînent la formation d'une masse excédante de subsistances; dont la fabrication dédaignée par la mode, trop oublieuse des temps passés, trop ignorante des temps futurs (1), en combinant leurs fils de différente nature, pouvait fournir à l'industrie, autant d'exercice, à la main-

(1) Vingt ans à peine écoulés n'ont pas laissé dans la mémoire, la trace de ce prix d'un million offert pour la filature du lin, sous la dictée des nécessités alors urgentes et bientôt, peut-être, également impérieuses.

d'œuvre, autant d'emplois, au marché, autant d'attraits et d'avantages ;

Soit à l'égard des sucres de betterave, invention qui peut laisser du doute sur ses profits, mais non sur ses progrès ; qui naît et grandit sous les auspices des sciences agronomique et chimique, dont les pas de jour en jour plus étonnans, ne permettent à personne de présumer le terme final ; qui ne saurait franchir les difficultés de la première enfance, sans les soins protecteurs du Gouvernement, et à ce titre, quand même l'idée se morfondrait derrière la borne des sens, quand même l'espérance ne s'enlèverait pas au-dessus de la foi matérielle, devrait être plus appréciée dans les questions commerciales.

De manière que la contradiction la plus marquante, se montre entre la législation de ces produits et celle des fers : car ici les seuls motifs capables de légitimer une sorte de prohibition nuisible à la consommation, sont fondés sur la convenance d'entretenir des sources immenses de travail, sur la nécessité d'étendre la fabrique nationale, au point de satisfaire les besoins en temps de guerre ; et là, tantôt au moyen de l'abaissement du tarif à l'importation d'une matière exotique qui tombait naturellement sous la taxation fiscale ; tantôt par l'infériorité du tarif, sur des denrées coloniales qui ne portent point de droit à cette exemption, l'Etat détruit une culture en activité, compromet une récolte en espérance, et se dépouille, se ruine de gaîté de cœur, se livre à la merci de l'avenir. (*De l'Impôt sur les vins, les cotons, les sucres.*)

Au-delà des mers, il s'effectue une révolution qui diffère dans le mode sans doute, et cependant dérive du même principe, c'est-à-dire de cette condition essentielle de progressibilité, à laquelle l'homme est soumis par les lois de sa nature, et en même temps est redevable de son rang sur la terre; à laquelle, non pas suivant quelque chance fortuite, mais bien en une façon inattendue, se rattachent, tantôt l'amélioration et tantôt la détérioration des sociétés.

Pendant plus d'un siècle, les colonies insulaires, à la fois préservées des sauvages et protégées en cas de guerre, parsemées de terres basses et ouvertes aux approches du commerce, enfin défrichées par l'esprit aventurier de l'Europe, à l'aide des robustes bras de l'Afrique, ont conservé la fabrication exclusive des sucres.

Mais l'esprit d'intelligence et d'activité a déployé ses ailes, s'est promené d'un vol rapide sur la moitié du globe : et les Indes, le Brésil, la Louisiane, le Mexique bientôt, où le sol est d'une étendue immense, d'une fertilité prodigieuse, où la population nourrie sans peine et vêtue sans dépense, s'accroît indéfiniment, n'ont attendu ou n'attendent que l'établissement d'un ordre social quelconque, pour recueillir les fruits spontanément naissans.

Si ces jeunes contrées ne sont pas encore habiles à donner la dernière façon aux matières brutes, dans le vieux monde l'industrie se dispose à accomplir l'œuvre; si même elles ne sont pas aptes à fournir des produits aussi précieux, dans le vieux monde, d'une part les artifices de la fabrique dissimulent le vice, et de l'autre, les sens blâsés ne se doutent pas de l'infériorité.

Les qualités, quelque inégales qu'elles soient, étant à peine distinguées, étant recherchées presqu'au pair sur le marché, il n'y a plus de débat, plus de concurrence qu'entre les taux du prix : lesquels divergent de plus en plus, dans un sens et dans l'autre; car, tandis que les sucres des îles renchérissent, en proportion de l'épuisement des terrains et de la rareté, de la cherté des esclaves, il arrive que les sucres du continent baissent de valeur, soit par le défrichement d'une terre encore vierge, soit par l'extension de la culture, soit enfin par les progrès de l'art agricole.

Encore si la mesure protectrice ne contraignait pas l'État, à cause de la demi-franchise du droit d'entrée, dont jouissent les sucres coloniaux, à recharger les contribuables, du montant de la perte consentie; des motifs d'ordre moral et d'ordre économique légitimeraient, jusqu'à une certaine limite, le secours offert aux colons, attendu que le préjudice ne porterait alors que sur les consommateurs d'une denrée d'agrément.

Il n'en est pas ainsi : non-seulement le préjudice frappe par contre-coup sur la masse des contribuables, lesquels ne sont point tenus par la justice, ne peuvent être amenés que par la force, à subvenir au détriment de leurs jouissances, et parfois aux dépens de leur subsistance, en faveur des colons, qui, non sans s'être rendus les premiers artisans de leurs futurs désastres, n'exigent pas moins à cette heure, que la garantie d'une prospérité immuable.

De plus, le secours tend, par la fatalité des choses, à s'élever de somme en somme, ne coûtant à présent, en raison de la remise des droits à 5 sous par livre sur 120 millions pesant, que trente millions ; et devant, pour balancer la différence progressive des prix entre les sucres coloniaux et étrangers, au moyen d'une remise de plus en plus haute, sur une quantité de plus en plus forte, être porté quelque jour jusqu'à cinquante millions et pardelà.

D'où la charge, déja inique en droit, deviendrait intolérable en fait : d'où la loi est tenue à modifier lentement, consécutivement, le privilège existant, de manière, en palliant la dureté de la transition, à susciter le perfectionnement du mode ou le changement de la sorte de culture, et à rappeler ces habitudes d'économie, de prévoyance, dont tant de faveurs ont éloigné, auxquelles ramènera la nécessité.

Telle est la marche que commandent les droits de la population française : et c'est aussi la marche qui est indiquée dans l'intérêt de la race coloniale.

Ici, il faut s'élever au-dessus d'une sphère trop bornée en ses vues : il faut tenter d'aborder et d'explorer les sinistres présages de l'avenir ; il faut se résoudre à carguer les voiles aux approches de la tempête, afin de ne pas sombrer sous le coup.

On ne sauve pas les peuples : tout au plus, on les aide à se sauver ; ou mieux encore, on les laisse se sauver.

Quant aux colonies, il y aurait sans doute à les préserver d'elles-mêmes, car le péril de leurs conseils aggrave le péril des circonstances : pour se défendre d'y intervenir, il est besoin de songer qu'un tel acte doit augmenter le péril des conseils, en jetant le trouble, l'inquiétude et l'humeur dans la classe régnante, non sans augmenter le péril des circonstances, en annonçant, en avançant de l'appui aux classes sujettes.

Or, dans l'état présent des choses, il y a lieu inévitablement, quoiqu'on cherche à s'en abstenir, à une intervention plus ou moins importante quant aux faits matériels, toujours capitale quant à l'effet moral. Même en son absence, il existe essentiellement une corrélation inaperçue à l'esprit peut-être, imperceptible à l'instant même, dont l'influence est d'autant plus efficace, dont les suites sont d'autant plus menaçantes.

Et cette corrélation entre la métropole et les colonies, cette continuité de rapports qui, par la succession alternative des craintes et des espérances, ne peut qu'animer et irriter les partis contendans, influe en une façon infiniment déplorable, en ce que la puissance se promène en France, comme en se jouant, et passe soudain de l'un à l'autre bord.

Comment ne voit-on pas que l'ordre légitime qui aspire à s'établir ici, qui par sa durée même tend à se consolider, doit, au contraire, tourner là-bas en un despotisme absolu, arbitraire, dont les excès préparent la ruine ?

Comment ne voit-on pas que la liberté, tantôt prisée à

juste titre, tantôt prônée hors de propos, alors qu'elle s'agite ici, non sans une certaine mesure, doit exciter là-bas à la licence, aux vengeances, aux massacres?

Ce vieil état de France, endurci par les siècles, qui a déja supporté tant de vicissitudes, survivrait même après des crises plus violentes, parce qu'il fut jeté et moulé en un bloc, des mains de la nature, ou ressusciterait de ses débris, comme en ces derniers temps, attendu que la société européenne est prédestinée à périr avec lui, ou à le sauver avec elle.

Au lieu que ces îles, nées d'hier, et mal conformées, mal éduquées, à la première phase malencontreuse, vont disparaître à jamais sous un déluge de sang, sous des monceaux de cendres.

Même, ce n'est qu'une chance équivoque, incertaine: mais il n'y a pas d'autre chance de salut pour les colonies, qu'en cessant d'être des colonies. Semblables à ces enfans surveillés de trop près, et de plus en plus gâtés, auxquels nul besoin qui ne soit assouvi, nul péril qui ne soit évité, aient pu apprendre l'art de vivre, il est nécessaire de les admettre peu à peu aux droits comme aux leçons de l'âge viril.

Ainsi garantis des inquiétudes et des défiances provenues du dehors, qu'aigrissent les souvenirs, et qu'exagère la passion, il se peut que les blancs se montrent moins impérieux; tandis qu'isolés des perturbations de la sphère continentale, et préservés de la contagion révolutionnaire, il se peut que les hommes de couleur se trouvent moins exigeans.

Tentez donc et tentez vite l'émancipation ; car autrement la ruine est certaine. Jetez au loin ces langes , relâchez peu à peu ces lisières; livrez l'enfant à lui-même , non sans le guider , sans le protéger encore.

Il arrive parfois que la liberté couve et mène à bien , le germe d'idées qu'engendra la nécessité. (*De quelques révolutions dans l'ordre économique.*)

FIN.

www.ingramcontent.com/pod-product-compliance
Lightning Source LLC
LaVergne TN
LVHW012010160826
845678LV00002B/749

* 9 7 8 2 3 2 9 6 6 3 3 4 0 *